L'ÉCRITURE EN GÉNÉRAL

ou

l'Art de connaître les différentes formes

de tous les genres
de

LETTRES

d'après les meilleurs principes usités,

dédiée

aux Élèves lithographes, aux Instituteurs

et Amateurs de la Calligraphie,

par

Th. Dav. Mainberger,

Impr. Lithog. Édit. à Strasbourg.

PRIX. F. 1.

1er LIV.

LES CARACTÈRES D'ÉCRITURE LATINE.
La Romaine droite avec les divers genres de types.

2e LIV.

La Romaine penchée et l'Italique, avec les divers genres de types.

3e LIV.

LES CARACTÈRES D'ÉCRITURE FRANÇAISE. — La Ronde.

4e LIV.

La Batarde (la grosse, la moyenne et la fine).

5e LIV.

La Coulée.

6e LIV.

LES CARACTÈRES D'ÉCRITURE ANGLAISE. — (la grosse, la moyenne et la fine.)

7e LIV.

L'Italienne et l'Américaine.

8e LIV.

LES CARACTÈRES D'ÉCRITURE ALLEMANDE. — La Cursive.

9e LIV.

La Ronde, la Chancelière penchée, la Chancelière droite et la Chancelière ornée.

10e LIV.

La Fracture simple et la Fracture ornée.

11e LIV.

La Gothique moderne et les différentes Gothiques anciennes.

12e LIV.

LES CARACTÈRES D'ÉCRITURE ÉTRANGÈRE : la Russe, la Grecque, et les différentes écritures orientales.

PRÉFACE.

En entreprenant la publication de ces modèles d'écriture, j'ai eu pour but d'exposer dans un nouveau plan et en un seul et même ouvrage, tous les divers genres d'écritures d'après les meilleurs principes en usage, et avec la démonstration de la construction généalogique de chaque caractère.

Encouragé par l'accueil favorable qui a été fait, dès son apparition, à ma première édition, entièrement épuisée depuis quelque temps, et cédant à de nombreuses sollicitations, je me suis décidé à publier cette seconde édition, que j'ai augmentée considérablement en la dédiant tant aux personnes chargées de l'instruction de la jeunesse, qu'aux jeunes lithographes et aux amateurs de la calligraphie; à cet effet, j'ai eu soin de donner de chaque genre d'écriture un double, l'un dans le sens ordinaire pour l'usage général, et l'autre à rebours pour l'usage particulier des lithographes.

Aujourd'hui que l'on imprime tant, soit en typographie, soit en lithographie ou en gravure, et avec tant de variété de caractères, on ne peut plus se borner à connaître un seul genre d'écriture; mais il faut se mettre à même de pouvoir distinguer et imiter au besoin tous les genres, depuis ceux dus à l'imagination inventive de l'homme jusqu'à ces caractères de source divine qui furent taillés sur les tables de Moïse quand Dieu nous traça ces préceptes, à la fois simples et sublimes, qui sont la base de toute morale et de toute religion.

Cependant, dans les écoles et même chez les professeurs de calligraphie, il est bien rare que l'on enseigne toutes les variétés d'écriture; et dans les établissements lithographiques, où il reste peu de moments à consacrer sérieusement aux progrès des élèves, non-seulement on ne s'occupe guère à leur démontrer les principes des divers genres, qu'il est pourtant de leur intérêt de bien connaître, pour acquérir une bonne pratique; mais ce sont surtout les modèles à rebours qui leur manquent. Aussi la plupart de ces jeunes gens, à moins de posséder des dispositions toutes particulières, se découragent bientôt par la difficulté du travail; car les modèles ordinaires de calligraphie, quelque bons qu'ils soient d'ailleurs, ne peuvent leur servir qu'à l'aide du miroir; procédé qui présente un grand inconvénient, en rejetant l'ombre en même temps qu'il fatigue les yeux de l'élève et lui occasionne un travail trop pénible.

J'ai donc pensé faire une œuvre à la fois utile et agréable aux jeunes lithographes et aux personnes chargées de l'instruction de la jeunesse, ainsi qu'aux amateurs de la calligraphie, en composant cette collection de modèles d'écriture, dont les divers genres ne se trouvent qu'épars dans des ouvrages différents et n'ont jamais été réunis dans un seul et même recueil. Quelques notices sur l'origine et les principes généalogiques de chaque genre d'écriture, dont je fais précéder mes modèles, m'ont paru de nature à augmenter l'utilité et l'intérêt de ma collection.

Ces modèles, j'en ai l'espoir, ne seront peut-être pas dédaignés par les lithographes déjà formés, qui n'ont pas toujours eu l'occasion de s'exercer dans tous les différents genres d'écritures française, allemande et étrangère, ou qui voudront s'en servir pour l'instruction de leurs élèves.

J'ai exposé tous les divers genres de caractères d'écriture en douze livraisons, dont chacune est composée de six planches avec texte, et rien n'a été négligé pour que le recueil fût aussi complet et aussi exact que possible.

Dans l'art de la calligraphie comme dans tout autre art, il est nécessaire, pour ne point se décourager par les difficultés qui y sont inhérentes, d'adopter une méthode précise, facile et claire, qui contienne des principes sûrs, qui en démontre l'application et indique la route à suivre dans la pratique.

L'élève, une fois qu'il aura bien étudié et mis en application les principes des caractères des écritures originaires, qui sont les écritures latines, contenus dans les première et deuxième livraisons, parviendra facilement à imiter toutes les autres écritures ; néanmoins il ne devra pas cesser de s'exercer en copiant les divers genres contenus dans ces compositions et même en d'autres bons modèles gravés ou typographiés, d'abord simples et faciles, puis graduellement compliqués, et par cette méthode il ne tardera pas à se mettre en état de pouvoir exécuter tout ce qui se présente à ses yeux et même de composer d'après sa propre inspiration.

Puissent nos jeunes lithographes et les amateurs de calligraphie trouver dans cette publication un guide à la fois sûr, facile et méthodique, pour s'initier aux difficultés de leur art, et je m'applaudirai d'avoir atteint le but que je m'étais proposé.

NOTICE

L'ART DE L'ÉCRITURE, SUR SON ORIGINE ET SON UTILITÉ.

L'origine de l'art de l'écriture, complétement en rapport avec celle du dessin, remonte comme elle à la plus haute antiquité.

L'écriture, ainsi que le langage lui-même, a été fondée sur l'imitation de la nature telle que Dieu l'avait créée ; et c'est ainsi que prit naissance la première écriture, appelée *idiographie*.

Ce premier germe de l'écriture fut donc aussi l'origine du dessin et de la peinture, se confondant ainsi ensemble dans la même naissance. Les premiers hommes déjà éprouvèrent le besoin de peindre une idée, et comme cette idée, dans ces temps de simplicité primitive, représentait naturellement un objet, il suffisait de peindre un objet pour que l'idée fût représentée. Par cette représentation, qui fut aussi le premier essai de peinture ou de dessin, on voulait exprimer la parole et la parole fut écrite.

L'homme, en voulant exprimer la parole par un signe qui devait rester, traça par instinct sur le bois, sur la pierre ou sur le métal, une esquisse imparfaite pour représenter plus ou moins exactement l'objet idéal ou matériel qu'il voulait indiquer, afin d'en transmettre le souvenir aux personnes absentes ou aux générations futures, et de leur laisser ainsi un récit des faits ou actions historiques les plus remarquables.

Ce fut le patriarche Abraham qui apporta en Égypte la science de l'écriture, laquelle ne consistait alors que dans l'art de retracer, au moyen de figures grossières, ce dont on voulait garder le souvenir.

C'est aux Égyptiens que l'on attribue le perfectionnement de certains signes, auxquels les Grecs et, par suite, les peuples modernes, donnèrent le nom d'*Hiéroglyphes* (sacré, sculpter ou graver en creux), et qu'on a trouvés inscrits sur les monuments religieux de l'Egypte, dont un grand nombre, tels que les pyramides et les obélisques, se sont conservés jusqu'à nos jours.

Les signes hiéroglyphiques se divisent en deux classes générales, savoir : les *hiéroglyphes propres* et les *hiéroglyphes symboliques*. Les premiers parlent à tous les yeux, tandis que les autres étaient un langage muet pour le peuple. C'est ainsi que les Egyptiens possédaient alors déjà une écriture sacrée et une écriture populaire.

Les *hiéroglyphes propres* se distinguent en *curialogiques*, c'est-à-dire substitutifs d'une partie au tout, et en *tropiques* ou représentatifs d'une chose par une autre qui est analogue.

Les *hiéroglyphes symboliques* se subdivisent en *énigmes*, c'est-à-dire en signes composés d'un assemblage mystérieux de choses, représentées par des figures d'hommes ou d'animaux, et en *tropiques* dans lesquels on ne faisait entrer que les parties les plus distinctes d'une chose.

Les Éthiopiens et les Indiens, pour rendre sensible une plus grande variété d'idées, recoururent aux signes *symboliques* et *allégoriques*, tout en conservant le même nombre de signes que pour l'*idiographie*. Ainsi, pour représenter la divinité, on dessinait un œil, un cercle avec des rayons figurait le soleil; un simple cercle sans rayons indiquait la lune; un sceptre marquait la royauté; des flèches signifiaient la guerre, deux mains entrelacées symbolisaient la paix, et de même pour toutes les autres choses que l'on voulait représenter.

L'*écriture symbolique* ou de pensée paraît avoir été inventée à trois époques différentes, et était aussi employée de trois manières diverses; elles consistaient: la première à substituer au tout la principale circonstance d'un objet, comme par exemple deux mains, dont l'une tenait un bouclier et l'autre un arc, représentaient une bataille; la deuxième à figurer l'objet par son instrument réel; la troisième, enfin, à représenter telle chose par une autre qui lui est analogue. C'est ainsi que l'on représentait l'univers par un serpent en forme de cercle, ce qui exprimait en même temps l'éternité.

Cette espèce d'écriture, par laquelle l'homme devait tracer fidèlement l'image de l'objet qu'il voulait exprimer, avait naturellement le double inconvénient d'exiger beaucoup de temps et d'espace. On négligea bientôt la forme scrupuleuse des choses pour ne plus s'attacher qu'au sens de la pensée, c'est-à-dire en remplaçant le dessin exact d'une figure quelconque par une simple marque, et c'est ce qui a produit l'écriture courante des hiéroglyphes.

Cette dernière écriture passa de l'Égypte en Chine, où elle s'est pour ainsi dire conservée jusqu'à nos jours; mais il est à croire, qu'avant d'arriver à sa constitution actuelle, elle a traversé dans ce dernier peuple les mêmes phases que chez les Égyptiens, puisque les Chinois l'ont également ramenée au système appelé *phonétique*.

On ne peut guère préciser à qui l'on est redevable de l'écriture *phonétique*, système qui a été apprécié par tous les peuples civilisés. L'ancien monde païen fit hommage de son invention à ses dieux ou à ses sages les plus vénérés.

On possédait alors trois systèmes d'écriture différents:

1° l'écriture chinoise; 2° l'écriture indienne; 3° l'écriture sémétique. Ces écritures paraissent avoir donné naissance à toutes les autres, tant en Asie qu'en Europe. L'écriture arabe actuelle, qui fut importée à la Mecque pendant le sixième siècle de l'ère chrétienne, a succédé à l'écriture syriaque, qui dérivait elle-même de la babylonienne ou chaldéenne.

De l'écriture phonétique on arriva aux signes alphabétiques, en remplaçant la multitude de signes par vingt-quatre ou vingt-cinq à chacun desquels on affecta un son conventionnel.

En résumé toutes les anciennes écritures paraissent être de simples altérations de l'écriture phénicienne, représentée par l'écriture samaritaine, qui n'était autre que l'hébreu primitif dans lequel écrivait Moïse.

Il en a été d'ailleurs de l'invention des lettres comme de toutes les grandes inventions de l'antiquité, dont nous sommes redevables comme d'un don céleste à Dieu même, et qui doivent leur développement ultérieur aux progrès lents et successifs des peuples. Leur forme a dû nécessairement subir des changements par l'influence des siècles et suivant le caractère ou le caprice des nations, qui tendent naturellement à la simplifier de plus en plus, afin de rendre facile et rapide l'exécution de l'écriture qu'elles ont adoptée.

C'est à Cadmus, héros grec et fondateur de Thèbes, appelée primitivement Cadmée, que l'on attribue l'introduction en Grèce des lettres de l'alphabet et de l'écriture grecque. Il était frère d'Europe et fils d'Agénor, roi de Phénécie, d'où il a rapporté cette science, qu'il enseigna ensuite aux habitants de sa ville, où les lettres étaient alors encore entièrement inconnues.

Il est à observer qu'il existe entre tous les alphabets une analogie si frappante, qu'il n'y a pas à douter de la communauté de leur origine, et nous voyons que l'art admirable de faire connaître la pensée par des signes figurés, a passé comme de main en main, des anciens Hébreux aux Phéniciens, de ceux-ci aux Carthaginois, puis aux Romains, aux Italiens, aux Allemands, aux Anglais, aux Français, enfin à toutes les nations civilisées de l'Europe et du monde entier.

Depuis peu d'années on s'est beaucoup occupé à trouver un alphabet universel, au moyen duquel on pourrait rendre par des signes simples tous les sons formant les différentes langues de l'univers, et qui sont au nombre de soixante-quinze environ.

Malgré la difficulté reconnue généralement de former un alphabet appelé à rendre exactement et d'une manière simple toutes les nuances des nombreuses prononciations, on a cependant observé que l'alphabet russe pourrait le mieux servir d'alphabet universel, quoiqu'il ne soit composé que de trente-cinq lettres. Qui sait si au nombre des résultats que peuvent amener les événements actuels où la Russie est le point de mire de tous les peuples, nous n'aurons pas à compter un jour l'adoption générale de l'alphabet russe?

L'écriture ou l'art de former les caractères de l'alphabet avec la plume, est, sans contredit, de tous les arts le plus utile à la société. L'écriture est la clef initiatrice de toutes les sciences, de tous les arts; elle est l'âme du commerce. Fidèle messagère de nos pensées, elle franchit en peu de temps les plus grandes distances par terre et par mer, pour se substituer entre amis ou parents séparés par l'absence, à la parole devenue impuissante.

Les écrivains les plus renommés que l'on peut citer sont: les Allais, les Barbedot, les Lesgret, les Michel, les Sauvage, les Rossignol, le père Gallande et plusieurs autres qui se sont distingués dans l'art de bien écrire (calligraphie). Rossignol surtout fut un des plus fameux calligraphes de Paris, où il est mort, en 1736, d'un excès de travail et dans un âge peu avancé. Il fut employé par Louis XIV à écrire les premiers billets de banque, que l'on a gravés d'après ce maître écrivain, le plus grand peintre en écriture que la France ait possédé dans ce temps-là. Ses modèles d'écriture étaient d'une simplicité, d'une grâce indéfinissables. Ce sont les Anglais qui ont enlevé la plupart de ses beaux modèles, pour lesquels les Français, alors indifférents pour le bel art d'écrire, ne montraient pas assez d'empressement.

L'art de bien écrire consiste à tracer, à dessiner ou à peindre les caractères d'un alphabet, de les assembler et d'en composer des mots d'une manière claire, exacte, distincte et élégante.

Les professeurs d'écriture ont déjà employé des méthodes et des systèmes bien différents pour arriver à donner à leurs élèves des moyens plus ou moins faciles pour arriver à bien écrire. Ces méthodes ou systèmes parmi lesquels il s'en trouve d'excellents, ne traitent presque tous que d'un seul genre d'écriture, et contiennent une infinité de modèles d'exercices préliminaires, qui n'ont souvent d'autre effet que d'ennuyer considérablement l'élève.

La marche la plus sûre pour arriver à un certain degré de perfection dans l'écriture, c'est d'étudier et d'exercer d'abord les premiers principes du dessin linéaire à main libre, puis de commencer par étudier et exercer les principes et proportions des caractères de l'écriture *latine,* la mère de toutes les autres écritures modernes usitées en Europe. Viennent ensuite les écritures *françaises* (ronde, bâtarde et coulée); les écritures *anglaises* (l'anglaise proprement dite, l'italienne et l'américaine); les écritures *allemandes* (la cursive, les chancelières, les fractures, les gothiques anciennes et modernes et celles d'impression); enfin les écritures étrangères et orientales (russes et grecques, hébraïque ancienne et moderne, samaritaine, arménienne, arabe, etc.), dont il est bon d'avoir quelques notions pour distinguer au moins ces divers genres d'écriture.

On démontrera ensuite par ordre généalogique les principes de chacun de ces genres, en les faisant suivre d'alphabets, dont les proportions et les distances entre les lettres sont strictement observées. Viendront enfin quelques modèles d'exercices des diverses grosseurs et variétés; et c'est ainsi que l'on arrivera, par gradation et en peu de temps, à connaître les diverses classifications des différentes espèces d'écritures usitées dans tout l'univers.

Sous le rapport mécanique, diverses manières ont déjà été employées pour exécuter les caractères de l'écriture.

Caractères d'écriture à la main. Primitivement ce fut au moyen d'un poinçon en fer que l'on écrivait ou gravait sur la pierre, sur le bois, le plomb, le marbre ou l'airain. Plus tard on employa aussi des plaques d'ivoire ou d'autres feuillets de substances dures pour les inscriptions de moindre étendue:

Puis on eut recours aux feuilles d'arbres, surtout à celles

du palmier. Mais on trouva bientôt que l'écorce, c'est-à-dire la partie qui forme une peau lisse et qui se trouve entre l'écorce et le tronc d'arbres, était bien plus durable, et on s'en servit avec avantage pour conserver les écrits. Les Latins donnaient à cette écorce le nom de *Liber* (livre), dont les tranches roulées sur elles-mêmes formaient les volumes. On employa aussi pendant quelque temps des tablettes enduites de cire, sur lesquelles on traçait les signes des caractères avec une pointe appelée *stylet*.

Les Perses, ainsi que d'autres peuples encore, se servirent longtemps de la peau de chèvre et de mouton (diphthère), sur laquelle ils tracèrent leurs caractères d'écriture en couleur noire et avec des pinceaux; ceux-ci furent remplacés plus tard par des roseaux que l'on taillait comme nous taillons encore les plumes d'oies, et en employant une encre liquide. Vint ensuite la plante, appelée *papyrus*, dont les anciens extrayaient la tranche de la moelle pour en faire du papier, qu'ils appelaient *biblos*. Le Papyrus se trouve dans le Jourdain, en Abyssinie et dans quelques lacs de la Sicile. On peut en voir aujourd'hui au Jardin-des-Plantes, à Paris.

Le parchemin, qui n'est qu'un perfectionnement des diphthères, fut inventé par suite de rivalités entre Ptolémée Philométor, roi d'Égypte, et Eumène II, roi de Pergame. Dès l'an 180 à 157 avant Jésus-Christ, le roi d'Egypte ayant défendu l'exportation du papyrus de ses États, les habitants de Pergame imaginèrent de le remplacer par les diphthères qu'ils cherchèrent à amincir, et auxquels ils donnèrent le nom de leur ville.

Ce parchemin, dont la fabrication est coûteuse, est d'une consistance très-forte et ne s'emploie plus guère aujourd'hui que pour certains titres, tels que diplômes, brevets et autres documents.

On fabrique aussi un parchemin vélin qui est d'une finesse de grain extrême et qui s'emploie avec avantage pour de petites peintures. Pour écrire ou dessiner sur le parchemin, on employait de préférence les plumes d'oies ou de corbeaux.

L'an 1470, deux individus nommés Antoine et Michel, de la Galice, inventèrent, à Bâle, le papier de chiffons, dont l'usage est aujourd'hui si général, qu'en France seul on n'en fabrique pas moins de trois millions de rames par an. La rame contient 20 mains ou 480 feuilles, la main à 24 feuilles. Les rames destinées à l'impression contiennent 500 feuilles.

Il y a beaucoup de formats différents, le plus petit est le pot et le cloche. Vient ensuite le format propatria dit écolier, puis le tellière dit papier de ministre, enfin la couronne, l'écu, le carré et la coquille; ce dernier, qui est à peu près du même format que le carré, est le papier que l'on emploie pour lettre, et dont on peut faire trois formats différents, savoir: l'in-folio, en le pliant en deux, l'in-quarto, en le pliant en quatre, et l'in-octavo, en le pliant en huit. Puis viennent encore les formats plus grands, tels que le grand-raisin, le colombier, le Jésus, le grand-aigle et enfin le grand-monde.

Il y a une vingtaine d'années on fabriquait le papier à la main dit à la cuve, aujourd'hui presque toutes les fabriques de papier possèdent des mécaniques, au moyen desquelles elles peuvent fournir en peu de temps une grande quantité de papier de belle qualité, plus uni et qui se fait par de grandes pièces longues de quelques centaines de mètres, comme se font les pièces de toile ou de percale. Ces papiers sont ensuite coupés selon le format.

Les qualités de papier varient selon le choix des chiffons que l'on emploie. De même la force du papier peut varier à l'infini selon la quantité de pâte que l'on met entre les cylindres de la machine. Le plus mince et le plus fin est le papier dit pelure et le papier de soie.

On fabrique maintenant aussi une qualité dite papier de Chine, qui est une imitation de celui de la Chine et qui se vend bien plus cher. C'est un papier mince d'une teinte plus ou moins grisâtre ou jaunâtre; on l'emploie souvent pour l'impression des dessins ou des gravures, après l'avoir encollé d'un côté, et on l'applique au même tirage sur le papier blanc sur lequel il fait ensuite cadre ou fond.

Environ à la même époque de l'invention du papier mécanique, l'on commença à se servir de plumes métalliques fabriquées au moyen de machines qui pratiquent les tailles complètes en un seul coup.

Écriture de caractères mobiles de fonte. L'emploi de ces caractères avec la presse constitue *l'imprimerie typographique*. Ce sont de petites pièces d'un métal composé d'étain, de plomb et de régule d'antimoine, longues de deux centimètres et demi et d'une épaisseur qui varie suivant la grosseur du caractère. A l'un des bouts se trouve la lettre formée en relief afin d'empreindre sur le papier la couleur dont on les enduit. Ces pièces de métal qui sont toutes de la même grandeur et faites de manière qu'on puisse les réunir exactement les unes à côté des autres, sont placées dans une case formée d'autant de petites séparations qu'il y a de signes de caractères nécessaires à l'impression. Lorsque le compositeur veut former un mot, il prend successivement chaque lettre et les met l'une à la suite de l'autre et forme ainsi d'une série de mots des lignes, qu'il place sur une petite planche à rebords pour en faire des pages entières. Ces pages sont ensuite placées au nombre de 4, 8, 16, et même jusqu'à 36 suivant le format du livre, dans un cadre de fer de la grandeur du papier à imprimer et fixées au moyen de petits coins, de manière que le tout ne fasse plus qu'une seule forme solide.

Le compositeur ayant ainsi achevé sa forme ou composition, la remet à l'imprimeur qui la pose sur sa presse et l'enduit soit avec deux tampons, soit avec un seul rouleau chargé de couleur noire ou autre. Il pose ensuite la feuille de papier humectée sur la forme, ferme sa presse, et avec une simple pression reproduit sur le papier toutes les pages contenues sur la forme, travail pour lequel les copistes employaient dans le temps des journées entières et qui se fait maintenant en un clin-d'œil.

C'est à un gentilhomme allemand, nommé Jean Gensfleisch, surnommé Gutemberg, né à Mayence en 1400, que l'on attribue l'invention de l'imprimerie. Il était fils de la noble famille de Zumjungen qui doit avoir possédé un hôtel de ce nom à Mayence, et un château nommé Gutemberg aux environs de la ville.

Jean Gutemberg habitait la ville de Strasbourg quand il fit sa belle découverte de l'imprimerie en 1440. Ses premiers procédés consistaient d'abord à graver des pages entières sur des planches de bois dur, sur lesquelles il taillait avec une peine inouïe, des lettres en relief et en sens inverse, comme font les Chinois de temps immémorial, et comme on fait encore chez nous pour l'impression des indiennes, des papiers de tenture et des cartes à jouer ou images ordinaires.

Gutemberg, après bien des essais infructueux qui englou-

tirent une partie de sa fortune, se décida à confier son secret à quelques personnes entendues, entre autres à Jean Fust, d'une famille distinguée de Mayence et originaire d'Aschaffenbourg; celui-ci lui avança volontiers à deux reprises les fonds nécessaires pour entreprendre l'impression de livres.

Il s'ouvrit ensuite à Pierre Schœffer de Gernsheim, dans l'électorat de Mayence, homme d'une intelligence rare, qui s'associa à eux et qui, par suite de divers essais, eut l'idée d'employer des lettres isolées, gravées et fondues en forme de cachet et qui se trouvaient en relief par la fonte. Ces caractères étant mobiles, il pouvait à volonté composer tel ou tel mot, sans être obligé de graver pour chaque page des moules en bois qui ne pouvaient servir qu'à l'impression du même ouvrage.

Quand Fust eut connaissance de cette heureuse idée de Schœffer, il en fut si enchanté qu'il le combla de faveurs et lui donna sa fille unique en mariage, en récompense de sa précieuse découverte.

Néanmoins il reste toujours certain que les premiers essais d'imprimer des livres, c'est-à-dire l'invention de l'imprimerie typographique, fut faite à Strasbourg par Jean Gutemberg, qui se servit d'abord de moules en bois, système que l'on emploie actuellement encore pour certains ouvrages tirés à un nombre considérable d'exemplaires, en employant la stéréotypie au moyen de la page composée avec des lettres mobiles.

Ce fut à Mayence que les trois associés imprimèrent la première bible latine avec des lettres mobiles de fonte, qui fut commencée en 1540 et achevée en 1455 seulement.

Après que Gutemberg eut quitté définitivement Strasbourg pour aller s'établir à Harlem, en Hollande, un nommé Jean Mentel de Schlestadt vint s'établir à Strasbourg, où il acquit de la célébrité, en y fondant le premier établissement d'imprimerie typographique. L'empereur Frédéric IV lui accorda des armoiries en 1466.

Des élèves des trois associés, Gutemberg, Fust et Schœffer, ne tardèrent pas à s'établir dans différentes villes considérables d'Europe, et l'art d'imprimer des livres se propagea en peu de temps. C'est à l'imprimerie que nous devons principalement les progrès des sciences et des arts et la propagation de toutes les connaissances utiles, que la typographie, de nos jours surtout, contribue à répandre à grands flots. Malheureusement à côté de l'usage se glisse toujours l'abus qui corrompt et pervertit les meilleures choses; l'abus qui a enfanté tant de mauvais livres qui se sont attaqués à la religion ou aux bonnes mœurs.

Écriture gravée en taille douce. Comme nous l'avons déjà vu, l'invention de la gravure, soit sur pierre ou métal, date des premiers siècles de la création. Elle servit d'abord à tracer de simples inscriptions avec des caractères et sur des tables de grande dimension. Plus tard les anciens imaginèrent de graver sur des pierres fines et sur bronze; c'est ainsi que l'on obtint les premières médailles dont la numismatique de l'antiquité nous a transmis des exemplaires.

L'invention de la gravure sur cuivre, dite *taille douce*, a été réservée aux temps plus modernes. Ce sont les orfévres de Florence qui se sont occupés les premiers de cet art pendant le quinzième siècle, en gravant sur les calices et reliquaires, sur les poignées d'épées, les ornements de meubles et les bijoux, ce qui constituait l'art de la ciselure. On gravait alors aussi sur les lames et on couvrait ensuite le creux de la taille d'une matière noirâtre qui produisait un effet d'ombre. C'est à ce dernier genre de gravure, appelé *Nigelum*, et auquel les Français donnèrent le nom de *Guillochis*, qu'est dûe la découverte de la gravure en taille douce.

Sous le règne de François Ier, un orfévre de Florence, nommé Maro-Fingarro, avait coutume de faire sur du soufre fondu ou de la terre grasse des empreintes des ouvrages qu'il avait exécutés, afin de les conserver, soit pour l'usage de ses élèves soit comme spécimens. Un jour il lui vint en idée que le noir qu'il avait introduit premièrement au fond de ses tailles, et qui restait fixé sur ses empreintes, pourrait bien s'attacher aussi sur un papier blanc humecté, et faire ainsi mieux paraître et ressortir tous les détails du dessin. L'épreuve réussit et la gravure en taille douce fut inventée et pratiquée ensuite par les différents orfévres-graveurs de Florence, tels que Baldini et Botticelli, ainsi que Montagne à Rome. Les premiers essais de ce genre de gravure firent naître l'idée de l'employer comme la gravure sur bois, inventée déjà de temps immémorial, à tirer un certain nombre d'exemplaires au moyen de la pression.

Aujourd'hui on emploie différentes espèces de gravures, dont chacune est arrivée au plus haut degré de perfectionnement. De nos jours la gravure est cependant en partie remplacée avec avantage par le dessin et la gravure sur pierre lithographique, pour tous les genres possibles, tant pour les écritures que pour les dessins, l'exécution et l'impression étant moins dispendieuses que la gravure sur cuivre ou acier.

Écriture lithographique. Cet art renferme en lui les trois procédés précédents, et constitue l'*imprimerie lithographique.* Comme presque toutes les grandes découvertes, l'invention de la lithographie a été le résultat d'un simple hasard, dont a su heureusement tirer parti la persévérance d'un homme de génie et de patience. A la fin du dix-huitième siècle vivait à Munich un jeune homme auquel son père, acteur au théâtre de la cour de Bavière, avait fait donner une éducation soignée au gymnase de cette ville, et qui s'y était distingué par des progrès rapides. C'était Aloyse Senefelder, né à Prague en 1772, destiné d'abord à l'étude du droit; à l'âge de dix-neuf ans, il fut détourné de la carrière juridique par la mort de son père, qui le laissait l'aîné de huit orphelins, et prévoyant qu'il serait hors d'état de continuer ses études, il se laissa aller à son penchant naturel pour l'art dramatique et la littérature. Le succès, qui avait accueilli quelques morceaux de poésie de sa composition, l'engagea à les publier, mais ne trouvant aucun éditeur qui voulût risquer les frais d'impression, et dépourvu lui-même des moyens de les faire imprimer à son propre compte, il prit le parti de se faire en même temps son propre éditeur et imprimeur, à l'exemple de Francklin. Cette fois encore il eut à lutter contre des obstacles, car pour accomplir son projet il fallait des caractères typographiques, une presse, etc., et il ne savait comment se les procurer. Il songea alors à graver son ouvrage sur cuivre, mais voyant qu'il n'était pas assez habile pour mettre cette idée à exécution, il se détermina à graver tout simplement sur des plaques de cuivre couvertes de vernis, pour les faire mordre ensuite à l'eau-forte (gravure à l'eau-forte que chaque amateur peut exécuter); en même temps il conçut le projet de s'associer un de ses amis qui possédait une imprimerie en taille douce.

Le jeune Senefelder se mit donc à l'œuvre, poursuivant avec une tenace persévérance l'idée fixe dont il était possédé, et il s'appliqua avec une grande patience à des exercices d'écriture à rebours, mais en voyant sa plaque de cuivre diminuer, après chaque effaçage d'un essai non satisfaisant, il trouva plus économique de remplacer cette plaque trop coûteuse par une de ces pierres calcaires, qu'il se rappelait avoir vues sur les bancs de sable de l'Isar, provenant d'une carrière prèsdu village de Sollenhofen, non loin de Munich, idée heureuse d'où allait jaillir une grande et précieuse découverte. Les pierres de cette carrière, d'un grain fin et serré et d'une teinte grise ou jaune, s'expédiaient alors de temps immémorial, en grandes quantités jusqu'en Orient, où elles étaient employées comme dalles dans les mosquées et autres riches monuments. Muni de plusieurs de ces pierres, il continua avec la même ardeur ses essais et ses travaux, pour arriver à exécuter des caractères d'écriture convenables, et qu'il avait l'intention de reproduire ensuite en gravure à l'eau-forte sur cuivre. Mais la Providence divine destinait ce jeune homme si actif à un plus merveilleux résultat. Il y a parfois dans la vie de l'homme un de ces jours en quelque sorte prédestinés, où soit un simple hasard, soit une inspiration subite et toute spontanée, exerce la plus heureuse influence sur son esprit et lui ouvre un avenir nouveau et imprévu. Un jour donc Aloyse Senefelder était occupé à ses exercices ordinaires, quand sa mère vint le prier de noter à la hâte le linge qu'elle était occupée à remettre à la blanchisseuse. N'ayant pour le moment point de papier blanc sous sa main, il écrivit, sous la dictée de sa mère, sur la pierre qu'il avait devant soi, en se servant par hasard d'une encre chimique qu'il avait déjà composée pour des essais sur cuivre.Comme il devait conserver pendant quelques jours cette note tracée sur sa pierre, il lui vint dans l'idée d'y passer une préparation d'eau-forte, comme il faisait pour ses planches de cuivre couvertes de vernis, afin de voir s'il n'y aurait pas moyen de faire une empreinte de cette écriture, après l'avoir encrée de la manière usitée pour la gravure sur bois et les lettres typographiques. L'encre chimique qu'il avait employée pour écrire le mémoire ayant été composée de matières grasses, telles que cire blanche, savon fin et noir de fumée, refusa naturellement la préparation de l'eau-forte et n'attaqua que les parties de la surface de la pierre non couvertes d'écriture, ce qui donna à son écriture un relief de l'épaisseur d'un papier fort.

Pour noircir ensuite son écriture avec de la couleur d'impression, il lui suffit de mouiller la pierre auparavant avec une éponge humectée, pour éviter que la planche ne prît le noir; puis, pour faire des épreuves, il n'avait plus qu'à y poser un papier humide et opérer une certaine pression, et l'écriture se transmettait sur le papier, mais naturellement en sens inverse.

Ce ne fut cependant qu'en 1799, c'est-à-dire plusieurs années après ses premiers essais, que le jeune Senefelder, grâce à son esprit inventif, à la persévérance de son caractère, et animé d'ailleurs du désir si naturel à l'homme, de devenir indépendant, trouva complétement l'art de reproduire les écritures et dessins au moyen de l'impression sur pierres calcaires, que les Allemands nommèrent : *Chemischer Druck, Stein-Druck* (imprimerie chimique, imprimerie lithographique).

Bientôt diverses éditions de musique, d'images et d'autres impressions furent confiées au nouveau procédé de Senefelder, et en peu d'années plusieurs établissements lithographiques se formèrent dans différentes villes de l'Allemagne.

M. le comte de Lasteyrie, de Paris, fut le premier chez nous à comprendre toute l'importance de cette belle découverte. Il entreprit plusieurs voyages en Allemagne pour recueillir les renseignements nécessaires à la naturalisation de la lithographie en France, et ne tarda pas à fonder à Paris le premier établissement lithographique, qui devint le rendez-vous des artistes les plus célèbres. C'est M. de Lasteyrie qui doit aussi avoir inventé l'impression autographique, qui consiste à écrire dans le sens ordinaire avec une encre très-grasse sur du papier préparé à cet effet (papier autographique), et que l'on peut ensuite transporter sur la pierre, en le faisant passer sous presse. Cette écriture se trouve alors à rebours sur la pierre et s'imprime comme les écritures lithographiques proprement dites. C'est la manière la moins coûteuse et la plus expéditive pour reproduire un certain nombre d'exemplaires, soit de sa propre main, soit de la main de l'autographe.

Le *genre à la plume* est celui qui constitue l'art de la lithographie proprement dit, puisque c'est celui par lequel Senefelder a fait l'invention de cet art. Il est d'un usage général pour divers genres de travaux, et permet d'exécuter en peu de temps toutes sortes d'ouvrages en écritures ou dessins; le tirage sur la presse est facile et expéditif si l'exécution en a été faite proprement et sans corrections.

Le *genre gravure* sur pierre, qui est celui par lequel Senefelder s'est primitivement exercé, est fort en usage en Allemagne, où l'on imite même la gravure sur acier. Depuis peu d'années ce genre prend aussi de l'extension en France à cause de la finesse du travail et de l'emploi de la machine, avec laquelle on peut tracer les lignes les plus fines formant divers dessins et notamment pour la reproduction des reliefs, tels que médailles, ornements, fonds de mandats, etc.

Le *genre crayon*, dessin sur une pierre grainée avec un crayon lithographique, composé de matières grasses. Dans ce genre plusieurs artistes se sont particulièrement distingués par leurs chefs-d'œuvre lithographiques, surtout à Munich et à Paris.

Depuis plusieurs années l'art d'imiter les peintures en impression *chromolithographie* est devenu très en vogue, surtout pour l'impression des almanachs de cabinet et autres ouvrages plus ou moins importants.

Sous le rapport de l'exécution de l'écriture destinée à fixer la parole et la pensée, diverses manières sont en usage selon l'importance ou la forme que l'on entend affecter à son travail.

L'écriture sténographique ou tachygraphique. C'est l'art d'écrire aussi rapidement que la parole, en substituant: 1° par certains signes très-simples, les formes compliquées de l'alphabet; 2° en supprimant les voyelles médiantes des mots; 3° en réduisant en monogrammes les expressions de la langue.

Cette manière d'écrire ne sert pas seulement à abréger en fixant les sons fugitifs de la parole, mais elle mûrit aussi le jugement de la jeunesse par un exercice qui ne peut que tourner au profit de ses facultés intellectuelles; elle facilite particulièrement aussi l'étude des langues à ceux qui se servent des caractères sténographiques pour faire des traductions.

C'est à un Anglais nommé Samuel Taylon que nous sommes redevables de cette science, qu'il a exposée dans un ouvrage traduit par Bertin, qui a été obligé d'y faire beaucoup de changements pour l'adapter à notre langue; c'est à son procédé que l'on doit une infinité de recueils utiles.

L'écriture comme brouillon ou esquisse. De la même manière que l'écrivain rédige et trace à la hâte un écrit quelconque, de même le calligraphe ou le lithographe fait une esquisse au crayon de la composition qu'il a en vue d'exécuter ensuite au net. Cette manière d'opérer nous procure la facilité de corriger au besoin notre tracé en ajoutant ou en supprimant ce que nous y trouvons de défectueux.

L'écrivain, pour réussir dans sa rédaction, devrait faire son brouillon au moment où il a conçu son idée et la jeter sur le papier telle qu'elle est éclose dans son imagination, de peur que le temps ou les distractions du monde extérieur ne viennent en refroidir et même effacer la forme ou l'expression. Le calligraphe ou le lithographe, de son côté, devra faire d'abord un tracé léger avec de simples lignes, en indiquant ensuite le genre qu'il croit devoir employer pour telle ou telle ligne, afin de pouvoir ensuite juger de l'ensemble et de l'effet de sa composition, soit pour titre ou en tête, etc., comme on ferait d'ailleurs pour un dessin quelconque que l'on aurait composé soi-même.

L'écriture mise au net. Pour bien mettre au net un écrit ou une composition quelconque, il est absolument nécessaire d'avoir préparé préalablement un brouillon ou esquisse, afin d'avoir devant soi un guide certain pour réussir au moment où l'on veut exécuter son écrit ou sa composition. Si le lithographe a en vue un travail tant soit peu compliqué, il fera bien de le mettre d'abord au net sur un second papier, d'après lequel il pourra ensuite faire un calque qu'il transportera sur pierre à rebours, afin d'avoir un premier tracé bien au net, pour l'exécuter soit à la plume soit en gravure; avec un calque bien exact, on a la moitié de l'ouvrage déjà faite.

Écritures calligraphiques. Sous le mot calligraphie, on entend généralement un écrit exécuté avec soin, conformément aux principes de l'art de l'écriture et qui réunisse toutes les conditions de la netteté et de la beauté. C'est un beau langage pour les yeux, qui plaît à tout le monde s'il est exécuté avec goût et élégance. Pour bien réussir dans cet art, il faut que la personne qui s'en occupe mène une vie régulière et pure de tout excès, afin d'éviter que la main tremble, ce qui ne lui permettra pas d'exécuter la moindre lettre avec la netteté qu'exige l'art de la calligraphie.

QUELQUES OBSERVATIONS SUR L'ÉCRITURE CALLIGRAPHIQUE.

Dispositions naturelles et dispositions acquises. Les dispositions naturelles sont celles dont nous sommes doués dès notre naissance et qui nous donnent la faculté de pouvoir exercer, avec une certaine facilité et un goût inné, un art quelconque. Les secondes dispositions, auxquelles les premiers exercices d'un art deviennent souvent un fardeau, peuvent être acquises au moyen d'un travail opiniâtre, par lequel on brave tous les obstacles, et qui nous place ensuite au niveau de ceux qui sont nés avec les dispositions les plus heureuses.

Position du corps. Pour bien écrire ou dessiner les lettres, il faut être assis commodément et sans la moindre gêne. A cet effet, on doit tenir le corps tout à fait droit et non affaissé sous son poids, le rapprocher de la table sans jamais la toucher, pour éviter que la poitrine ou l'estomac ne souffrent par le contact, ce qui pourrait entraîner des suites funestes. Les coudes doivent être appuyés sans contrainte, c'est-à-dire à la hauteur de la table ou de la planchette sur laquelle dessine ordinairement le lithographe. Il faut que le corps soit soutenu par le bras gauche. L'avant-bras s'appuie jusqu'au coude sur le bord de la table, afin d'attirer à lui le corps et de faciliter ainsi les mouvements du bras droit; par ce même motif, la jambe gauche doit être plus avancée que la jambe droite qui restera posée perpendiculairement.

Position des mains. En écrivant, la main droite sera placée sur le papier de telle façon, que l'extrémité des doigts, l'avant-bras et l'épaule se trouvent dans la même direction.

Le jeune lithographe qui écrit ou grave sur pierre, se servant d'une planchette, n'est pas tenu à cette position, mais il prendra celle qu'il trouvera la plus convenable pour le genre d'écriture qu'il exécute sur pierre et qui est plutôt dessin

qu'écriture; dans tous les cas, il faudra toujours commencer à écrire une ligne à l'endroit qui correspond au milieu du corps. A cet effet, la main gauche a pour fonction de reculer le papier ou la pierre, à mesure que la main droite, qui doit toujours conserver la même direction, remplit la ligne à écrire. La main droite doit être placée un peu mollement, arrondie et soutenue, de façon qu'il y ait constamment un jour convenable entre le papier et la main.

Position des doigts et de la tenue de la plume. Pour que le bec de la plume puisse être dirigé librement dans tous les sens possibles, il est nécessaire que les trois premiers doigts qui tiennent la plume soient écartés des deux derniers, qui sont destinés à soutenir les trois autres dans leurs mouvements. La plume doit être prise mollement, de manière que le doigt majeur soit un peu arrondi et que son extrémité ne descende que jusqu'au commencement de la taille; l'index aussi, un peu plié, descendra jusqu'à l'ongle du doigt majeur, et le pouce jusqu'au milieu de la dernière phalange de l'index; enfin, il faut qu'il y ait entre ces deux derniers doigts un intervalle de trois millimètres environ.

Position du papier ou de la pierre sur laquelle on écrit. Pour toutes les écritures qui sont verticales, à l'exception de la ronde, on tiendra le papier ou la pierre en droite ligne devant soi. Le lithographe, qui est obligé de tracer à rebours toutes ses écritures, trouvera plus de facilité en tenant sa pierre à l'envers, pour ne pas se voir obligé d'écrire de droite à gauche, ce qui entrave beaucoup la belle exécution.

Pour la ronde, on donnera au papier ou à la pierre une légère pente, afin de faciliter le tracé des déliés.

Pour l'écriture bâtarde et la coulé, encore un peu plus de pente que pour la ronde, parce que ce sont des caractères légèrement penchés.

Pour l'écriture anglaise, le papier pourra être incliné, de manière que l'angle gauche de la base touche le bord de la table et que l'autre en soit éloigné d'environ trois centimètres. Le lithographe, écrivant les lignes de ce caractère de haut en bas comme les Chinois, devra observer cette même direction pour sa pierre, mais retournée de côté. Si l'on veut exécuter une anglaise très-penchée ou bien l'italienne ou l'américaine, qui sont les caractères les plus inclinés, on tiendra son papier dans la direction d'un échiquier, c'est-à-dire de telle façon que l'angle droit supérieur et l'angle gauche inférieur soient perpendiculaire au bord de la table, tandis que le côté gauche de la pierre du lithographe devra être parallèle au bord de la table.

Premier tracé au crayon. Pour réussir dans son travail, quel que soit le genre d'écriture, il faut préparer le papier ou la pierre, sur laquelle on veut l'exécuter, par un tracé exact et net au crayon que l'on aura taillé en une pointe allongée et en forme de cône; ce tracé indiquera la distance des lignes, la pente de l'écriture, soit droite ou oblique; celle-ci ne devra être marquée qu'après avoir indiqué légèrement la forme et la proportion des lettres. Pour ce premier travail au crayon, on tiendra le papier ou la pierre dans une direction droite.

Effets et situations différentes de la plume. Les effets de la plume peuvent se réduire à deux, savoir : le *plein* et le *délié*. Le plein est produit par la largeur des deux becs de la plume, suivant la grosseur de la taille.

Le lithographe, comme le graveur, pour les caractères d'une certaine grosseur, trace d'abord le contour avec une plume ou pointe fine, puis il remplit le vide des largeurs pour former des pleins.

Les liaisons et le délié sont ordinairement produits par le tranchant de la plume, quoiqu'un délié, produit par les deux becs, puisse être tracé d'une manière plus certaine, étant plus nourri et par conséquent aussi plus visible et agréable à l'œil.

Il y a quatre situations de la plume, savoir : celle en *face*, l'*horizontale*, l'*oblique montante* et l'*oblique descendante*.

Par la situation en *face*, on peut produire un plein perpendiculaire et un délié horizontal qui se trace par le tranchant de la plume.

La situation *horizontale* produit un plein parfait horizontal, en tournant la plume de gauche à droite et de façon que les deux becs reposent également sur le papier ; en ce sens, la plume, dirigée verticalement, ne peut produire qu'un délié vertical, et, dirigée horizontalement, elle produit un plein.

L'*oblique montante* est produite quand la plume est tournée encore un peu plus de gauche à droite; dirigée en montant, elle produit un plein parfait, tandis que, dirigée de côté, elle produit le délié oblique.

L'*oblique en descendant* est produite en tenant la plume dans le sens habituel; en cette situation, mue de gauche à droite, elle produit un plein parfait et un délié oblique.

Les *mouvements formateurs*, qui servent à former les lettres, sont au nombre de quatre : le mouvement des *doigts*, qui s'opère en pliant les trois doigts nécessaires au dessin des lettres; celui du *poignet*, qui se produit en transportant le poignet de droite à gauche et de gauche à droite; celui de l'*avant-bras*, qui donne la direction aux lignes; et enfin celui du *bras* que l'on appelle *grand mouvement* et qui sert à former les lettres majuscules et les traits d'ornements.

Les lettres composant l'alphabet se divisent généralement en *élémentaires*, qui sont : *o, i, j, l, n, t*, et en *composées : a, b, e, d, e, f, g, h, m, p, q, r, u*, qui se trouvent en analyse dans les six premières; et enfin en *neutres : k, s, v, x, y, z*, qui tiennent leur forme d'elles-mêmes.

On peut diviser les caractères d'écriture en six classifications générales, savoir : les *écritures latine, française, anglaise, allemande, étrangère* et *orientale*.

LE CARACTÈRE D'ÉCRITURE LATINE.

Ce caractère d'écriture a donné naissance à tous les autres genres qui, depuis quinze cents ans, sont usités en Italie, en Allemagne, en France, en Angleterre, en Hollande et en Espagne.

Les Latins reçurent leurs premières lettres d'Evandre, prince grec, à qui Latinus, prince du Latium, donna une vaste étendue de pays pour le récompenser d'avoir donné à son peuple la connaissance d'un art si précieux et si utile aux hommes, la clef de toutes les sciences et l'âme du commerce.

Grande romaine ou capitale droite. Les proportions de cette espèce de lettres, telles qu'elles ont été adoptées autrefois déjà au dépôt général de la guerre, pour les plans topographiques, consistent à partager la hauteur de la lettre en sept parties, qui font sept pleins de hauteur, et qui donnent aussi la largeur de l'O et de Q. Six parties ou pleins donnent la largeur de C, D, G, M, T, cinq donnent la largeur de A, B, E, H, K, L, N, P, R, S, U, V, X, Y, Z. La lettre J n'en a que quatre, mais pour le W on en prend huit.

Quoiqu'il ne soit pas absolument indispensable de suivre chaque fois toutes ces divisions en pleins, il est cependant nécessaire que le jeune lithographe, calligraphe ou amateur se familiarise avec les proportions naturelles des lettres, ainsi qu'avec les distances qui varient entre elles suivant la forme du caractère alphabétique; par exemple la distance entre deux pleins droits doit être la même que celle qui se trouve entre les deux jambages de la lettre H. Celle entre un plein droit et une courbe a la largeur d'un plein de moins, et la distance entre deux courbes a encore un plein de moins que cette dernière. On remarquera de même les distances différentes entre la tête de C et une droite, entre la même lettre et une courbe, etc.

La distance entre deux mots est d'une hauteur de lettre pour deux jambages droits, pour une droite et une rondeur un jambage de moins, et entre deux rondeurs encore un plein de moins. Quand il y a une virgule, la distance s'augmente d'une largeur d'un plein, et quand il y a un point, elle doit augmenter encore d'une largeur de plein de plus que cette dernière. Le point, la virgule et l'apostrophe doivent être placés à la même distance qu'une lettre.

La largeur des pleins varie selon la force que l'on veut donner à telle ou telle écriture. Aujourd'hui l'on donne généralement beaucoup de largeur aux pleins des lettres romaines, et souvent sans augmenter celle de la lettre même. Les dimensions adoptées pour ces modèles me paraissent les plus belles, et j'ai eu soin de classer les diverses formes de lettres par ordre généalogique, afin d'en faciliter les premiers exercices du tracé.

Exemple d'origine de la lettre E, *dérivée de la forme de l'ovale.* La forme de l'ovale, prise de la nature même et représentant le visage de l'homme, fut employée dans l'origine pour exprimer la vie, un être; en suivant les principales mutations que la lettre E a éprouvées jusqu'à nos jours, nous trouvons qu'elle fut d'abord la peinture du visage, et que, comme toutes les autres lettres, elle a subi plus ou moins de changements de forme dans la suite des siècles.

Le visage, d'abord réduit au trait, a pris la forme d'un simple ovale traversé par une perpendiculaire et trois horizontales, exprimant les principaux traits du visage. Puis, en voulant simplifier cette forme, on a supprimé la circonférence et les Latins l'ont désignée par cette forme E, qui a été perfectionnée depuis; en France, on est revenu à cette simplicité de forme, depuis un certain nombre d'années, pour un genre de romaine fort en usage aujourd'hui, servant à des titres et à des affiches et que nous appelons lettres *antiques* ou *païennes.* La forme de l'ovale peut donc nous guider pour la construction et les proportions des principales lettres.

PLANCHE I.

GÉNÉALOGIE DE LA GRANDE ROMAINE OU CAPITALE DROITE.

Lettres à jambages droits. Les lettres en général, comme toutes les figures géométriques du monde, ne sont composées que de lignes droites et de courbes. On peut donc ramener la formation de toutes les lettres à deux sources principales, savoir: à l'*i* et à l'*o*, qui composent les lettres élémentaires, les composées ainsi que les neutres mêmes.

Pour trouver la proportion des lettres romaines contenues sur cette planche, on construit un ovale à deux cercles, d'après la hauteur que l'on veut donner à la lettre, et qui contient six pleins en hauteur et cinq en largeur, comme il est indiqué en la fig. 1, case 1. Presque toutes les lettres de l'alphabet peuvent être contenues dans la construction de cet ovale, comme on le voit en la fig. 2.

La largeur ou le nombre de pleins de chaque lettre est indiquée par un petit chiffre, ainsi que les distances entre elles. Le tracé des lettres à ailes dont l'intérieur forme une partie de cercle, se trouve indiqué par des points de centre. La partie du délié qui dépasse de chaque côté du plein est d'une demi-largeur de plein.

Case 2. *Lettres à lignes droites mais obliques.* Ces trois lettres ont absolument la même largeur entre elles, mais la pente des pleins et déliés de l'A ou du V et l'X varie. Pour ne jamais se tromper en mettant le délié ou le plein à l'envers, il suffit de se représenter la cursive: ainsi, par exemple, un A majuscule en cursive ne pourra être commencé par un plein en montant, mais bien par un délié; de même, un V,

2

qui est en sens tourné de l'A, n'est pas commencé par un délié descendant, mais bien par un plein; il en est ainsi pour toutes les autres lettres commençant par un plein ou un délié oblique ou droit.

Case 3. *Lettres à jambages droits et obliques.* La partie du milieu de l'M présente absolument le V. Le plein de l'N est plus oblique, vu qu'il traverse toute la largeur de la lettre. Les parties obliques des lettres K, Y, Z ont la même pente que l'N.

Case 4. *Lettres à jambages droits avec parties arrondies.* Les centres sont indiqués par des points pour tracer au besoin ces parties au compas, lorsqu'elles sont grandes.

Case 5. *Lettres rondes.* Le haut des lettres C et G a un demi-plein de largeur de moins que le bas. Le bas du G est formé de l'O. L'S est formé de deux parties de cercle dont la supérieure a un demi-plein de moins en largeur que l'inférieure; les centres en sont indiqués par deux points.

Toutes ces lettres rondes doivent dépasser les autres de la cinquième partie d'un plein, attendu qu'elles paraissent plus petites par leurs extrémités arrondies.

Case 6. *Signes de la ponctuation,* etc. Les accents ont pour largeur un demi-plein seulement, mais ils occupent la largeur d'un plein par leur position et leur forme. Les points et les virgules ont pour largeur un plein entier et le dépassent même un peu à cause de leur rondeur.

Case 7. *Chiffres à jambages droits.* Le 4 peut s'exécuter de deux manières différentes, comme on le voit sur ce modèle. A l'exception des chiffres, 4 et 0, tous les autres ont entre eux la même largeur. Leurs proportions et divisions sont celles des lettres romaines avec lesquelles on les emploie.

Case 8. *Les chiffres à corps droits et ronds.*

Case 9. *Les chiffres à corps ronds seulement.*

Case 10. *Série de chiffres à corps différents des premiers.* Dans cette série de chiffres presque toutes les parties droites sont remplacées par des parties plus ou moins courbes.

Ces caractères qui représentent le nombre et la quantité, doivent leur origine aux Arabes. Ils leur donnèrent primitivement une valeur d'autant d'unités que la main avait de mouvements à faire pour les former; mais leurs formes ont été perfectionnées comme celles des lettres.

PLANCHE II.

Cet alphabet renferme les divers genres d'ombre que l'on emploie aujourd'hui pour les lettres dites *capitales droites,* et qui peuvent varier à l'infini selon le bon goût de l'artiste qui en fait usage. Pour rendre ces lettres plus gracieuses, on leur applique un quart de rond aux parties supérieure et inférieure des pleins et des déliés, mais jamais à la partie intérieure de la lettre fermée, comme, par exemple, en B, D et F, etc. qui doivent rester droites.

Afin de bien écrire ce genre de lettres, il faut les disposer et les indiquer d'abord légèrement au crayon, puis les repasser à la plume, au tire-ligne, ou à la pointe si c'est en gravure; les jambages droits à la règle, si les lettres sont d'une certaine grandeur, tant pour les parties verticales que pour les déliés horizontaux; ensuite, après avoir terminé toutes les rondeurs, on remplit les pleins soit en noir soit à ombres grises ou autres.

Pour les quatre lignes d'exercices de grandeurs différentes, les mêmes proportions et distances ont été observées entre les lettres et les mots que pour les lettres plus grandes de l'alphabet. Les deux dernières lignes peuvent s'exercer sans le secours de la règle. Si c'est en noir et sur du papier que l'on veut tracer ce genre de lettres, on se sert d'une plume taillée selon la grosseur des pleins, pour les remplir de suite en les traçant, comme l'on fait d'ailleurs pour tout autre genre d'écriture.

PLANCHE III.

Ce genre de lettres, que l'on emploie dans la typographie, varie à l'infini en proportions, forme et grandeur; l'usage en est extrêmement répandu, ces types étant les plus distincts et les plus lisibles; c'est aussi une écriture très-difficile à reproduire quant à la régularité entre les lettres et leurs distances. Les lettres que nous donnons dans ce modèle, sont des plus modernes et des plus gracieuses.

Leurs proportions consistent à diviser la lettre majuscule (grande romaine ou capitale droite) en trois parties égales, dont les deux inférieures sont employées pour le corps de la petite romaine, qui se divise lui-même en six parties ou pleins, et la partie supérieure forme la hauteur des lettres élevées; une longueur égale est ajoutée aux lettres à jambages.

Case 1. *Lettres à jambages droits.* Les largeurs des lettres, ainsi que les distances entre elles, sont suffisamment indiquées pour comprendre facilement leur construction.

Case 2. *Double ff.* Ces deux lettres sont plus rapprochées d'un demi-plein, et l'entête de la première se confond à moitié dans le haut du plein de la seconde.

Case 3. *Lettres composées de droites et d'obliques.* Toutes les cinq ont la même largeur et les mêmes distances entre elles. Pour ne jamais se tromper en plaçant le délié au haut des lettres à jambages droits, surtout de celles qui dépassent les autres, comme il arrive très-souvent aux lithographes en écrivant à rebours, il faut toujours se présenter ce petit délié horizontal comme celui avec lequel l'on commence la lettre de cursive, soit *i*, qui se trace naturellement toujours en commençant et non à la suite de la lettre.

Case 4. *Lettres à corps ronds.* Ainsi que pour la grande romaine, les lettres rondes dépassent les autres de la cinquième partie de la largeur du plein. Il faut beaucoup d'attention pour bien placer ces rondeurs, à cause de la difficulté de les rendre égales entre elles.

Case 5. *Lettres composées.* Il faut beaucoup d'exercice pour arriver à bien exécuter ces lettres composées.

Alphabet de petite romaine et lettres doubles suivies des chiffres.

Les proportions de la petite romaine, adoptées au dépôt général de la guerre pour les plans topographiques, se trouvent en partageant les lettres majuscules en dix parties égales, dont on prend six pour le corps de la lettre et les quatre autres pour la hauteur des autres parties qui dépassent, comme *b*, *d*, etc., et en ajoutant une même longueur pour celles qui dépassent à la partie inférieure.

Les chiffres de petite romaine n'ont ordinairement pas les mêmes hauteurs entre eux, mais ils ne sont plus guère en usage aujourd'hui.

PLANCHE IV.

EXERCICES DE PETITES ROMAINES DROITES ET DE DIVERS AUTRES TYPES.

Les quatre premières lignes représentent les types du modèle précédent en quatre grandeurs différentes, pour lesquelles les proportions et distances des lettres entre elles sont strictement observées.

Les cinq autres lignes représentent six genres de types, de forces et largeurs différentes avec leurs chiffres.

Petite romaine dite grasse, 1. Sa grosseur est de deux pleins pour les majuscules et d'un et demi pour les minuscules; les distances, en proportion de la grosseur du plein, ne sont plus celles en la planche III, elles sont moins larges.

Petite romaine grasse et serrée, 2.

Petite romaine étroite, 3. Ce genre de type, plus serré que le précédent, est très-gracieux quand les largeurs des lettres et les distances entre elles sont bien observées. La même ligne porte aussi le type dit *allongé*, 4, qui s'emploie assez fréquemment aujourd'hui pour les compositions diverses.

Petite romaine large, 5. La largeur de ces lettres est celle de leur hauteur. Les pleins des majuscules ont quatre pleins ordinaires, et les minuscules en ont trois.

La même ligne porte aussi celle dite *écrasée*, 6. Elle peut être du double en largeur et en épaisseur des pleins.

Les chiffres conservent les mêmes proportions de force, quand on les emploie avec ces divers genres de types.

PLANCHE V.

VARIÉTÉ DE DIVERS NOUVEAUX GENRES DE TYPES DE GRANDE ET PETITE ROMAINE DROITE ET DES CHIFFRES.

Ce sont de nouveaux genres de lettres romaines qui sont devenues d'un usage fréquent, et à l'aide desquelles on peut faire de beaux contrastes dans les compositions.

1. *Lettres égyptiennes ou carrées. Alphabet de grande et petite romaine avec chiffres.* Les mêmes divisions et propor-

tions ont été employées pour ce genre que pour la romaine ordinaire, ce qui facilitera beaucoup le tracé de ces lettres. Il suffira de remarquer que les parties horizontales occupent chacune un sixième de la hauteur de la lettre; que ces parties sont de la même grosseur que les pleins mêmes qu'elles dépassent de chaque côté d'un demi-plein; le même espace est à observer pour les distances entre elles. Les minuscules ont aussi les mêmes divisions que la petite romaine ordinaire. Il en est de même des chiffres.

2. *Lettres antiques ou païennes.* Les mêmes divisions et proportions y sont employées que pour les précédentes.

3. *Lettres italiennes.* Dans ce genre, les lettres ont leurs pleins aux côtés opposés des autres caractères, c'est-à-dire que les pleins sont remplacés par des déliés, et ces derniers par des pleins, ce qui fait souvent un contraste agréable à l'œil en l'employant dans une composition un peu compliquée. Les proportions et divisions sont celles des deux genres précédents.

4. *Egyptiennes de trois forces et largeurs différentes.* La première a cinq parties en hauteur, dont deux sont occupées par la grosseur des déliés et les trois autres pour le corps de la lettre. Les pleins ont une partie et demie. La largeur générale de cette lettre est celle de sa hauteur.

Celle de la deuxième ligne a six divisions dans la hauteur, et sa largeur générale est de trois de ces parties. Les pleins ont une partie et demie de largeur.

La troisième, enfin, dite *maigre,* n'est formée que d'un gros délié pour toutes les parties de la lettre. Ce genre de caractères demande beaucoup de régularité dans les largeurs et distances des lettres, pour bien le présenter.

5. *Antiques de trois forces et largeurs différentes.* Les mêmes proportions et divisions ont été employées que pour l'égyptienne.

6. *Italienne serrée.* Celle-ci ne porte ses parties larges que dans les lignes horizontales.

7 et 8. *Egyptiennes à angles coupés.* Les mêmes largeurs et proportions que pour l'égyptienne première ligne, mais dont les soi-disant déliés sont aussi gros que les pleins mêmes, et la largeur peut être d'un quart de la hauteur de la lettre.

La seconde ligne ne diffère que par la largeur qui est moindre. Les angles doivent être coupés à 45 degrés et d'une manière égale pour toutes les lettres à corps arrondis.

9. *Chiffres* dits *romains.* Ces chiffres sont composés de lettres majuscules romaines et se tracent ordinairement avec un caractère serré et étroit.

Pour représenter le chiffre 200, on met deux C; pour 300, trois C; 400, un C et un D; 500, D; 700, DCC, etc.; 900, IXC; 1000, M; 1005, MV, etc.; 5000, VM, etc.

PLANCHE VI.

LETTRES ROMAINES EN RELIEF ORNÉES ET FLEURONNÉES SUIVIES DE CHIFFRES.

Les deux premières lignes contiennent la romaine ordinaire en relief ornée. Les divisions sont les mêmes que celles de la romaine ordinaire. Les déliés occupent la moitié d'une largeur de plein.

Afin de réussir dans ce genre d'écriture, il est nécessaire de le préparer d'abord exactement par un tracé au crayon, puis le repasser à la plume, au tire-ligne ou à la pointe; ne faire d'abord que le contour de la lettre, indiquer ensuite la largeur de l'ombre et ne la remplir qu'après avoir tracé le contour exact de tout le mot ou de toute la ligne. Les ombres peuvent varier en largeur, soit d'un tiers, de la moitié ou de la largeur entière du plein.

Les minuscules ont aussi les mêmes divisions et proportions que celles employées pour la petite romaine ordinaire.

Viennent ensuite les diverses *lettres fleuronnées* et chiffres *en relief* à deux différentes forces. Puis, enfin, la dernière ligne renferme: 1° les diverses largeurs, *étroite, moyenne* et *large;* 2° les diverses grosseurs que l'on peut donner aux pleins; 3° l'*antique,* l'*égyptienne* et l'*italienne* en *relief;* 4° l'*antique* et l'*égyptienne* à *claire* devant, derrière et à filet autour; 5° lettres *antiques, égyptiennes* et *toscanes* à fond noir, dont l'entourage peut varier selon le goût de l'artiste; 6° *lettres variées* et *profilées;* 7° lettres *de fantaisie variées;* 8° enfin, des lettres *feuillées* ou à *couleaux,* et la dernière dite genre *moyen âge* ou *flamand.*

STRASBOURG, IMPRIMERIE DE G. SILBERMANN.

CARACTÈRES D'ÉCRITURE FRANÇAISE.

Les caractères d'écriture française sont : la *ronde*, la *bâtarde* et la *coulée*. Ces trois genres, à la fois les plus gracieux, les plus distingués et les plus faciles d'exécution, sont aussi les plus répandus, non-seulement en France, mais encore à l'Étranger, où on en fait souvent usage conjointement avec les caractères d'écriture du pays.

LA RONDE.

L'écriture dite *ronde* est très-ancienne; d'origine italienne, elle fit sa première apparition immédiatement après la gothique du douzième siècle, dont elle a pris à peu près la forme, la grosseur, la pente perpendiculaire. On l'a appelée *ronde*, parce que toutes ses lettres tendent à la forme circulaire et même sphérique.

C'est une écriture pleine, mâle, majestueuse, et qui est de toutes les autres la plus lisible. Aussi la voit-on partout figurer dans une infinité d'écrits, soit d'art, de commerce ou d'administration.

Pour l'exécution de cette écriture, la fente de la plume, selon la grosseur du caractère, doit être d'environ deux millimètres, et pareille longueur sera donnée au bec, dont la partie droite, nommée *angle du pouce*, excédera un peu l'autre en longueur et en largeur, simple résultat d'une coupe en sens oblique dudit bec de plume. Les déliés se tracent au moyen de l'angle du pouce, et les pleins avec toute la largeur du bec, qui doit toujours être d'une largeur proportionnelle à la grosseur de l'écriture. En lithographie, on se sert toujours d'une plume d'acier taillée en fin, mais à bec plus court que pour les écritures cursives.

PLANCHE 13.

TRACÉ GÉNÉALOGIQUE DES LETTRES MINUSCULES DE LA RONDE ET DE SES CHIFFRES.

Afin de pouvoir mieux remarquer les formes des diverses parties de chaque lettre, le premier tracé en a été exécuté à pleins non remplis, et dans une dimension propre à bien pouvoir étudier leurs formes et proportions.

Case 1. *Lettres à jambages droits.* Pour trouver la proportion du corps d'une lettre de l'écriture ronde, on partage sa hauteur en six parties, égalant chacune un plein, et dont cinq composent la largeur des lettres à jambages droits, savoir : deux pour les deux pleins et trois pour la distance entre les deux jambages.

Les liaisons des lettres à jambages droits se prennent à un tiers de hauteur, et on les conduit jusqu'au premier angle du plein, qui doit commencer en sens oblique de 45 degrés; on opère de même pour toutes les autres liaisons entre des jambages droits, en les courbant légèrement en forme de ligne composée entre les *n* et *m*, et de courbe légère entre *i, u, t,* etc.

Il faut bien étudier la forme, presque angulaire, de la partie inférieure des deux lettres *m* et *n*, pour pouvoir les distinguer des autres jambages droits, qui sont arrondis.

La distance à observer entre les mots, selon la forme des lettres, ainsi que la ponctuation, sont toujours celles que j'ai indiquées pour les caractères d'écriture latine (capitale droite, pl. 1).

Case 2. On remarquera bien la forme arrondie de la partie inférieure de ces trois lettres, afin de ne point confondre cette sorte de jambage avec celle des lettres précédentes.

Le point de l'*i*, qui se trace en forme de parallélogramme, doit former niveau avec le haut du *t*, lettre qui excédera les autres en hauteur d'une moitié de corps.

Case 3. Exercice sur un mot composé des lettres précédentes, dont les parties inférieures et les liaisons diffèrent entre elles.

Case 4. *Lettres rondes et mixtes.* La largeur de la lettre *o* est égale à sa hauteur; elle est partagée en six parties ou pleins, dont deux sont occupés par ses deux pleins propres, et les quatre autres forment sa largeur ou vide au milieu. C'est sur la ligne, partageant la lettre en deux parties égales, que doivent se joindre les deux pleins ronds, par le haut et par le bas.

En ajoutant à la droite de la lettre *o*, en sens vertical, un second plein arrondi, semblable au premier de cette même lettre, et ce, de manière à le confondre dans le second, on aura la lettre *a*.

En ajoutant, également en sens vertical, à la droite de la

lettre *o*, un plein droit d'une double longueur de corps, de façon à ce que la moitié inférieure de ce plein droit dépasse par le bas ladite lettre *o* d'une longueur de corps, on aura la lettre *q*.

En terminant ce plein droit par une sorte de boucle, de la largeur de quatre à cinq pleins, et qui le dépassant par le bas d'un tiers de corps de lettre, remonte ensuite du côté gauche de ce même jambage pour aller se relier à lui, à son point de section avec la ligne horizontale inférieure, on aura la lettre *g*.

Si au lieu de fermer la lettre *o* par le haut, on remonte, dans une direction circulaire gauche, le second plein jusqu'à une hauteur de corps, on obtient la lettre *d*.

Les lettres *c*, *e*, *x*, *r* et *s* final sont aussi formées du premier plein de l'*o*, terminé au bas par un délié plus ouvert et mené à la hauteur d'une moitié de corps. La tête du *c* représente une partie du second plein de l'*o*, descendant à un plein et demi ou un quart de corps, à la largeur de cinq pleins.

La tête de l'*e* descend jusqu'à la moitié du corps de la lettre avec la même largeur que pour le *c*.

L'*x* est composé de deux *c*, dont le premier tourné en sens inverse, et confondant réciproquement leurs pleins en un seul.

L'*r*, comme pour un plein droit, commence par un délié, qui porte à sa partie supérieure un crochet de la largeur de trois pleins, qui dépasse la ligne supérieure de la largeur d'un demi-plein, crochet au bout duquel s'attache le premier plein de l'*o* avec terminaison en forme de *c*.

On commence l'*s* final aussi par le premier plein de l'*o*, auquel on ajoute un *r*, en lui donnant plus ou moins d'ouverture par le bas. Quelquefois on le termine aussi par un crochet arrondi, s'il se trouve à la fin d'une ligne ou d'une phrase.

Les lettres commençant par un corps rond, telles que *o*, *a*, *q*, *g*, *c*, *e*, *d* et *s* final, ne doivent point avoir de déliés devant elles.

Case 5. *Lettres à boucles supérieures.* Les jambages droits des deux premières lettres sont formés de la lettre *t*, que l'on surmonte d'une boucle, dépassant en hauteur le corps de la lettre même, d'un corps et quart de lettre, et à laquelle on donne une largeur de quatre pleins. La lettre *b* se termine en bas par le second plein de l'*o*.

Les jambages droits à boucles des lettres *h* et *k* reposent sur la ligne horizontale par l'angle aigu du plein. Le corps de la lettre *h* est formé d'un *e* renversé, à largeur d'*o*, et celui de *k* de deux courbes composées, dont celle supérieure forme un délié, commençant au milieu du corps du jambage, et se termine par la forme du *c* avec la largeur de celui-ci; la courbe composée inférieure formant plein, se termine à la largeur de l'*n*.

L'*f* est formé du jambage des deux lettres précédentes; mais il les dépasse encore, en se prolongeant de la longueur d'un corps de lettre. On donne aussi quelquefois à cette lettre une forme arrondie par le bas, comme on le verra dans la planche représentant les diverses variations des lettres minuscules et majuscules.

On remarquera que les déliés des lettres à boucles supérieures traversent le plein du jambage, juste à la hauteur de l'*i*.

Case 6. *Lettres à tiges bouclées inférieures.* La lettre *j* est formée de l'*i*, que l'on prolonge au bas par une tige bouclée comme à la lettre *g*.

L'*y* est formé du jambage du *j*, que l'on précède d'un jambage arrondi par le haut et par le bas.

Le *p* est également formé du jambage du *j*, mais la boucle est arrondie au lieu d'être menée comme au *j*; de plus on ajoute, à la partie supérieure droite du jambage du *p*, une partie du plein du *c* renversé.

Case 7. *Lettres formées de légères courbes composées.* La lettre *s* commence par un délié, dépassant la hauteur des autres lettres d'un quart de corps, et elle forme, en descendant à droite, une ligne courbe composée et terminée par un point rond adhérant au délié. Le premier jambage de la lettre *v* est formé de celui de l'*s*, mais sans dépasser la hauteur des autres lettres; il est aussi posé dans une direction plus oblique et il est de forme moins arrondie; ce premier jambage est suivi d'une autre courbe composée montant à droite.

Le *z* commence par un délié, surmonté d'un crochet, comme l'*r*, et un délié, descendant obliquement de droite à gauche, relie cette première partie de la lettre à la courbe composée horizontale qui la complète.

En résumé, les lettres *a*, *d*, *g*, *h*, *p*, *q* et *z* ont la largeur de l'*o* ou six pleins; les lettres *b, e, c, k, n, r, u, v* et *y* ont la largeur de l'*n* ou cinq pleins. Les lettres à jambages doubles, *m, w* et *x* ont deux fois la largeur de celles simples, moins un plein, par la fusion des deux pleins du milieu.

Case 8. *Chiffres à jambages droits.* Ces trois chiffres, quoique sans rondeurs, ne sont néanmoins pas droits dans leurs jambages. On remarquera que le chiffre 1 forme une ligne courbe composée, dont la partie supérieure, par son délié et son plein, offre un angle aigu arrondi. Le 4 est formé d'une ligne courbe composée oblique, d'une même ligne, mais horizontale, et d'une droite verticale. Le 7 est construit par le haut d'une courbe composée horizontale, de laquelle tombe une oblique légèrement courbée.

Case 9. *Chiffres ronds et mixtes.* Leur composition est environ celle de la petite romaine, à l'exception cependant du chiffre 5, quoiqu'il puisse encore être représenté sous sa forme ordinaire, comme il sera démontré sur la planche suivante.

La proportion de la largeur de tous ces chiffres, suivant leur forme, est celle des lettres, et leur hauteur pour la grande ronde est de deux corps, que l'on divise en trois parties égales : les deux premières pour la hauteur des chiffres simples 1, 2 et 0 et les corps de tous les autres chiffres; la troisième partie est occupée par celles supérieures des chiffres 3, 4, 6 et 8; les tiges inférieures des chiffres 5, 7 et 9 dépassent les autres chiffres de la longueur d'un corps.

Les chiffres de petit format peuvent être tous d'égale hauteur entre eux, c'est-à-dire de deux hauteurs de corps de lettre.

PLANCHE 14.

ALPHABET. — LETTRES DOUBLES ET LETTRES FINALES DE LA RONDE. — CHIFFRES.

Lignes 1 et 2. *Alphabet de la ronde.* Dans cet alphabet sont indiquées toutes les distances qui doivent exister entre les lettres, lesquelles, en manière de démonstration, sont représentées sur la planche avec leurs liaisons, comme si tout l'alphabet ne formait qu'un seul mot.

Pour parvenir à une écriture correcte, il faut dans l'exécution bien observer, non-seulement les formes et proportions des diverses lettres de l'alphabet, mais encore leurs distances entre elles; il suffit, à cet effet, de recourir aux explications et figures de la planche précédente, traitant de la forme et de la proportion de chaque lettre en particulier, et d'arrêter l'attention sur celle-ci et sur ce que nous allons dire au sujet des distances en question, lesquelles sont indiquées par des petits traits au bas de la ligne inférieure entre les lettres.

Il ne sera peut-être pas inutile de rappeler ici ce qui a déjà été dit pour les écritures latines, et qui peut s'appliquer à tous les autres genres d'écriture, savoir : que la distance, entre deux jambages droits, est celle de l'*n*, lettre composée de deux jambages droits. La distance entre un jambage droit et une rondeur est, selon la grosseur des pleins, d'un demi-plein ou d'un plein entier de moins. La distance entre deux rondeurs doit subir la même diminution. Quoique dans la règle, les distances entre les jambages droits doivent être celles des deux jambages de l'*n*, on peut cependant les augmenter d'un quart ou même d'un demi-plein, afin de rendre les lettres plus distinctes entre elles, surtout dans l'écriture ronde, où les lettres *m, n* et *u* se ressemblent.

La distance entre les lignes doit toujours être telle que les lettres à tiges ne rencontrent point celles à boucles, entre les extrémités différentes desquelles lettres, doit exister un espace d'environ un quart de hauteur d'un corps de lettre.

Ligne 3. *Lettres doubles et lettres finales.* La première lettre double représente *et* en abrégé, syllabe très-fréquente, ainsi que celles *en, em* que l'on peut représenter avec cette même forme d'*e*, mais cette coutume n'est plus guère en usage.

Le double *f* se représente diversement (voy. planche 18), mais la forme indiquée à la présente planche est préférable pour la grosse ronde, à cause de la facilité de son exécution.

L'*n* rond final doit également être préféré à l'*n* ordinaire, même dans le corps de la ligne, afin d'éviter l'inconvénient de sa ressemblance avec l'*u*. Cette forme d'*r*, qui d'ailleurs est celle contenue dans l'alphabet précédent, mais tournée en sens inverse, s'emploie ordinairement pour le commencement d'un mot et aussi dans le mot même, après une lettre sans liaison à la fin.

L'*r* rond final peut être remplacé avec avantage par l'*r* droit qui suit. Il en est de même du double *s* long, auquel on peut préférer deux *s* ronds, s'il y a déjà une lettre à boucle ou à tige dans le même mot. L'*s* final se met à la suite des lettres rondes, et celui de la planche précédente, après les jambages droits.

Le *t* final se termine soit par un petit trait horizontal, soit par une boucle ouverte, s'il se trouve à la fin d'une ligne ou d'une phrase.

Les doubles lettres æ et œ, pour la ronde, sont conformes entre elles.

Ligne 4. *Chiffres.* La distance entre les chiffres, selon leur largeur, est dans le même rapport que celle à observer pour les lettres. Les chiffres 2 et 5 peuvent se tracer de deux manières différentes, comme il est démontré sur cette planche.

PLANCHE 15.

TRACÉ DES LETTRES MAJUSCULES DE LA RONDE.

On divise les lettres majuscules de la ronde en deux catégories : les lettres capitales et celles appelées communément majuscules. Les capitales sont les grandes lettres que l'on met au commencement d'un écrit, et qui souvent surpassent en grandeur les majuscules, vu qu'elles ne sont point assujetties aux règles ordinaires.

Ces lettres, censées exécutées à main levée ou non posée et à grand mouvement, doivent être jetées avec une certaine hardiesse; néanmoins cette sorte d'exécution se fera sans trop de vivacité, afin que ces dites lettres aient, dans leurs formes, cette justesse de proportions, cette grâce, cet aspect correct, enfin, qu'elles doivent comporter.

Les *majuscules* sont celles que l'on emploie ordinairement pour écrire en grand les noms propres et les alinéas, et elles s'exécutent à main posée, avec certaine liberté de mouvement des doigts et du poignet. On ne parvient à bien exécuter les capitales qu'après de nombreux exercices sur les majuscules, dont il faut s'attacher à la connaissance approfondie des formes et proportions.

Les principaux éléments des majuscules et des capitales sont : deux demi-ronds décrits en deux sens contraires, et la ligne composée dite *ligne mixte.* Ces principes sont à peu près ceux de Rossignol.

La hauteur des majuscules est de deux corps et demi; leur largeur varie, comme on peut le voir par les pentes indiquées, lesquelles, avec les lignes horizontales désignant ladite hauteur, forment de petits carrés qui expriment le nombre de largeurs de l'*o* minuscule renfermé dans chaque lettre majuscule.

Les majuscules des caractères de petit format prennent ordinairement une autre proportion, savoir : trois hauteurs de corps de leurs minuscules, comme il est démontré planche 18.

Case 1. *Les trois formes génératrices de toutes les lettres majuscules et capitales.* Les deux demi-ronds servent à former toutes les lettres à rondeurs, et la ligne composée ou mixte est celle formant toutes celles à jambages droits. L'emploi de ces trois formes génératrices se distingue facilement dans les quatre divisions principales de toutes les lettres majuscules démontrées sur cette planche et tracées à pleins non remplis, afin que l'on puisse bien distinguer les jonctions des pleins avec les déliés, comme nous avons fait pour les minuscules.

Case 2. *Les cinq lettres à corps ronds.* La formation de ces lettres ne demande point d'explication, si ce n'est qu'elles sont formées de la première forme génératrice 1.

Ligne 2. *Lettres formées de corps ronds et droits.* La partie principale de toutes ces lettres est formée du tracé générateur 2.

Ligne 3. *Lettres formées de la ligne mixte.* Chacune de ces lettres a pour forme principale la composée génératrice 3.

Ligne 4. *Lettres composées de rondeurs et de lignes mixtes.* Ces quatre lettres ne diffèrent guère des minuscules, sur le modèle desquelles elles sont formées.

PLANCHE 16.

ALPHABET DES MAJUSCULES DE L'ÉCRITURE RONDE.

Bien que la forme de plusieurs de ces lettres puisse varier, nous avons néanmoins cherché à conserver leurs formes dans la planche précédente, lesquelles sont celles que l'on emploie le plus souvent dans l'écriture ronde.

La dernière ligne expose les lettres qui s'emploient encore fréquemment aussi en place de celles renfermées dans l'alphabet, et qui font le vrai type de la *ronde*. Les lettres majuscules sont très-souvent négligées dans la calligraphie, par suite de trop nombreux exercices préparatoires des minuscules, et cependant les belles lettres majuscules font le principal ornement d'un écrit, tandis qu'une seule, mal exécutée, peut le déparer entièrement, et cela par la raison bien simple que ces lettres formant saillie, frappent la vue, ce qui du reste est leur fonction principale dans les commencements de phrases ou dans certains mots importants, comme noms propres, etc.

PLANCHE 17.

**EXERCICES DE MAJUSCULES ET MINUSCULES A TROIS GRANDEURS.
DIFFÉRENTES.**

Ligne 1. *La grosse ronde.* En copiant un modèle quelconque comme exercice, il est bon de se rappeler constamment les proportions des lettres ainsi que leurs distances entre elles, afin d'y habituer la main de façon à ne plus avoir à y réfléchir par la suite en écrivant. A cet effet, il sera utile de revoir les planches 1, 2 et 3 dès que l'on aura des doutes sur une proportion ou une distance.

Ligne 2. *La ronde moyenne.* On copiera ces lignes jusqu'à ce qu'on sera parvenu à bien en imiter les caractères.

Ligne 3. *La fine ronde.* Il suffira de s'être exercé à plusieurs reprises, à ces modèles de trois grandeurs différentes, pour arriver à une imitation exacte de tous les modèles de ce genre.

PLANCHE 18.

VARIÉTÉ DE TYPES DES LETTRES RONDES.

Ligne 1. *Lettres minuscules et majuscules variées.* Afin de compléter ces modèles de l'écriture ronde, il ne sera pas inutile de démontrer encore la variété de formes que peuvent prendre les lettres minuscules et majuscules, ainsi que les proportions que prend la ronde de moindre grandeur. Puis nous terminerons par les différents autres types de l'écriture ronde même, qui ne seront pas sans intérêt, vu l'extrême rareté de les trouver même dans les meilleurs ouvrages de calligraphie, aussi complets qu'ils puissent l'être.

Ligne 2. *Ronde grasse et large.* Ce type, que l'on peut aussi appeler *monstre*, s'emploie fréquemment pour titre, ou autres lignes que l'on veut mettre en évidence.

Ligne 3. *Ronde serrée ou étroite.* Ce type, tracé avec une certaine précision et égalité de pleins et de distances, est d'un très-bel effet dans le corps d'un écrit, surtout s'il est introduit parmi de la coulée.

Ligne 4. *Ronde renversée.* Ce type produit un contraste frappant avec d'autres caractères droits, ou la penchée cursive.

Ligne 5. *Ronde brisée.* C'est ce type de la ronde que l'on employait primitivement après la gothique du onzième siècle, mais que l'on a rendu de forme plus cursive par la suite. Ce genre est aujourd'hui bien remplacé par la fracturée française renfermée dans notre dixième livraison.

STRASBOURG, IMPRIMERIE DE G. SILBERMANN.

CASE 1.

CASE 2.

CASE 3.

CASE 4.

CASE 5.

CASE 6.

CASE 7.

CASE 8.

CASE 9.

CASE 10.

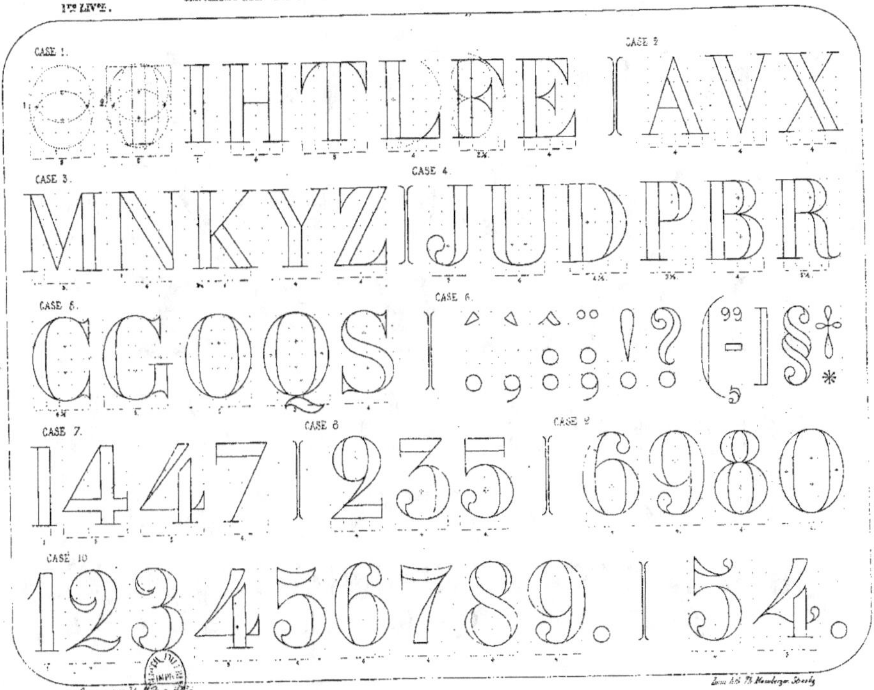

ABCDEFGHIJKL
MNOPQRSTUVX
YZ & W. Æ. Œ.
JEAN GUTEMBERG,
NÉ A MAYENCE EN 1400,
INVENTA L'IMPRIMERIE TYPOGRAPHIQUE
A STRASBOURG, EN MIL-QUATRE-CENT-QUARANTE.

Gravé par 73. M. b. 9. 1853.   Imp. lith. l'Aubertan Monelg.

Généalogie, Alphabet et Chiffres de la petite Romaine droite.

1re Case.   2me Case.   3me Case.   4me Case.   5me Case.

ftuijrnmh [fl] kvxyz
ceodqbp [ags & œæ
abcdefghijklmnop
qrstuvxyz & wfflœ
1234567890 [1]27 90

Aloyse Senefelder,

natif de Prague en Bohême,

inventa l'imprimerie lithographique,

à Munich (Bavière), en mil-sept-cent-quatre-vingt-dix-neuf.

Adam, Babel, Ciel, Dieu, Eve, Femme,

Gabriel, Homme, Israël, Jérusalem, Lamech, Moïse,

Noé, Ozias, Palestine, Qq. | Raphael, Samuel, Tobie, Uriel.

W, Xx, Yy, Zz Lucifer.

1234567890. 1234567890. 1789. 1830. 45.42.

Variété de divers nouveaux types de grandes et petites Romaines droites et Chiffres.

ABCDEFGHIJKLMNOPQRSTUVXYZ & W.

abcdefghijklmnopqrstuvxyz & æ. 1234567890.

ABCDEFGHIJKLMNOPQRSTUVXYZ & Æ.

abcdefghijklmnopqrstuvxyz & œ. 123456789.

ABCDEFGHIJKLMNOPQRSTUVXYZ.

abcdefghij klmnopqrstuvxyz. & w. 1234567890.

ABCDEFGHIJKLMNOPQRSTUVXYZ & 1234567890.

ABCDEFGHIJKLMNOPQRSTUVXYZ. abcdefghijklmnopqrstuvxyz & w.

ABCDEFGHIJKLMNOPQRSTUVXYZ & W. Œ. abcdefghijklmnopqrstuvxyz & w. æ. œ. 1234567890. 1834.

ABCDEFGHIJKLMNOPQRSTUVXYZ & W. Æ. 1234567890.

ABCDEFGHIJKLMNOPQRSTUVXYZ & W. Œ. abcdefghijklmnopqrstuvxyz.

ABCDEFGHIJKLMNOPQRSTUVXYZ & W. Æ. Œ. abcdefghijklmnopqrstuvxyz & w. æ. œ. 1234567890. 1803. 1834.

ABCDEFGHIJKLMNOPQRSTUVXYZ & W. Æ. Œ. abcdefghijklmnopqrstuvxyz & w. æ. œ. 1234567890.

ABCDEFGHIJKLMNOPQRSTUVXYZ & 1234567890.

ABCDEFGHIJKLMNOPQRSTUVXYZ. abcdefghijklmnopqrstuvxyz & w.

I. II. III. IV. V. VI. VII. VIII. IX. X. XI. XII. XIII. XIV. XV. XVI. XVII. XVIII. XIX. XX. XXI. XXX. XL. L. LX. LXX. LXXX. XC. C.

ABCDEFGHIJKLMN
OPQRSTUVXYZ& W
abcdefghijklmnopqrstuvxyz.
ABCDEFGHIJKLMN
OPQRSTUVXYZ& W
1234567890 . 1854.
ABCDEFGHIJKLMNOPQRSTUVXYZ&

ABCDEFGHIJKL
MNOPQRSTUVX
YZ & W, Æ, Œ.

LA TYPOGRAPHIE

EST L'ART DE REPRODUIRE

LES CARACTÈRES D'ÉCRITURE SUR DU

PAPIER, AU MOYEN DE LETTRES EN FONTE ET DE LA PRESSE.

abcdefghijklmnop

qrstuvxyz & wfflce.

1234567890./12790.

La Lithographie est

l'art de reproduire l'écriture

et le dessin au moyen d'une pierre et de la presse.

a b c d e f g h i j k l m n o p

q r s t u v x y z & w, œ, ff, fl, fi.

1 2 3 4 5 6 7 8 9 0. 1 2 7 9 0 0.

Seigneur des Seigneurs,

que ton Nom est admirable par

la terre universelle ! car ta magnificence

est élevée sur les cieux. (Psaume de David ch. VIII. v. I.)

Composé par Th. M. b.g 1854.   Imp. lith: Th. Mainberger. Strasbg.

ABCDEFGHIJKLMNOPQRSTUVXYZ & W Æ.
abcdefghijklmnopqrstuvxyz & w æ. 1234567890.

ABCDEFGHIJKLMNOPQRSTUVXYZ & W, Æ, Œ.
abcdefghijklmnopqrstuvxyz & w, æ, œ, ff, fl. 123456789.

ABCDEFGHIJKLMNOPQRSTUVXYZ &c.
abcdefghijklmnopqrstuvxyz & w. 123456789.

ABCDEFGHIJKLMNOPQRSTUVXYZ & W, Æ, Œ.
abcdefghijklmnopqrstuvxyz & w, æ, œ. 1234567890.

ABCDEFGHIJKLMNOPQRSTUVXYZ & W.
abcdefghijklmnopqrstuvxyz & w, æ, œ, ff. 123456789.

ABCDEFGHIJKLMNOPQRSTUVXYZ & W, Æ, Œ.
abcdefghijklmnopqrstuvxyz & w æ, œ. 1234567890.

ABCDEFGHIJKLMNOPQRSTUVXYZ & W, Æ, Œ.
abcdefghijklmnopqrstuvxyz & w, æ, œ. 123456789.

Composé par Th. M.L g. 1854.

Impr. lith. Th. Mainbourner Strasbg.

AFRIQUE, BOSPHORE, CHINE, DANUBE.

EUROPE, FRANCE, GRÈCE, HOLLANDE, ISLANDE.

JUDÉE, LAPONIE, MÉDITERRANÉE, NORVÈGE.

PRUSSE, RUSSIE, SIBÉRIE, TURQUIE, VALACHIE, WESTPHALIE.

YPRÈS, ZÉLANDE, VOLHYNIE, TRANSYLVANIE.

SUÈDE, POMÉRANIE, OSTROGOTH, MOLDAVIE.

LITHUANIE, ILLYRIE, CALICIE, FINLANDE, ÉGYPTE.

Alger, Belgrade, Constantinople, Damas, Édimbourg.

Francfort, Genève, Hambourg, Istrie, Jamaïque, Londres.

Moscou, Nüremberg, Paris, Rome, Sébastopol, Thèbes.

Varsovie, Zurich, Troie, Spire, Ratisbonne. Parme, Orenoque, Nice.

Minorque, Lisbonne, Ionie, Hainaut, Gênes, Florence.

Erfort, Dantzick, Cartage, Barcelonne, Athènes, Bude.

Cracovie, Dresde, Exvillers, Fribourg, Gottingue, Leipsick.

A B C D E F G H I J K L M N
O P Q R S T U V X Y Z & W
a b c d e f g h i j k l m n o p q r s t u v x y z .
1 2 3 4 5 6 7 8 9 0 . 1 8 5 4 .

TURQUIE. RUSSIE.

1854.

France. Angleterre.

Composé par Th. M. b. g.

Imp. lith. Th. Marnberger, Strasbourg.

Caractères d'écriture française.

Tracé généalogique des lettres minuscules de la Ronde & de ses chiffres.

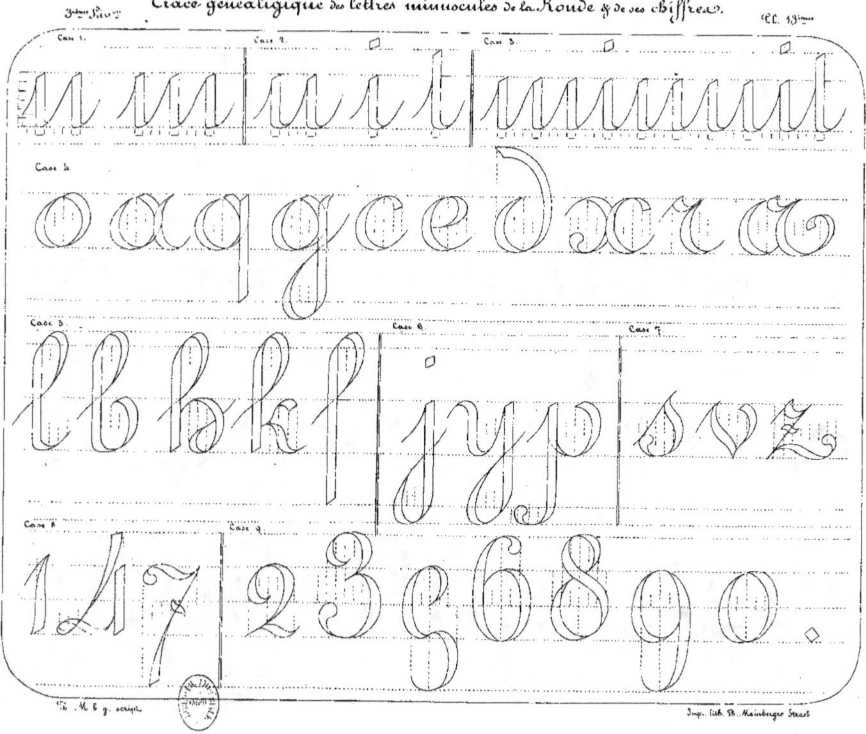

1re Ligne

abcdefghijklmm

2e Ligne

opqrstuvxyz & w

3e Ligne

œ aff n z vr fs ct

4e Ligne

1223456789 0.

Tracé des lettres majuscules de la Ronde.

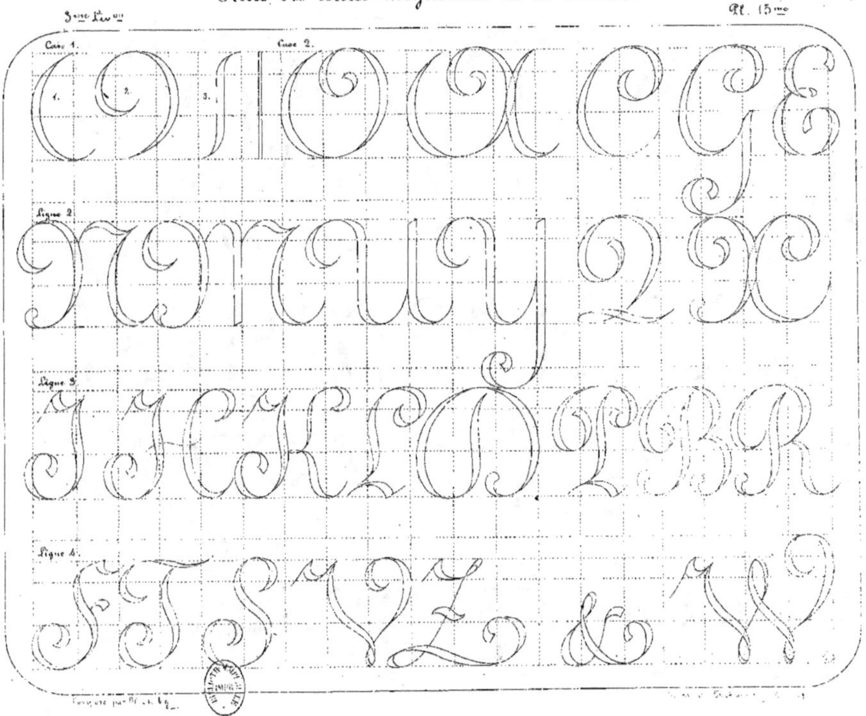

Alphabet des majuscules de l'écriture Ronde.

Composé par S.F. N.º 6 g. 1855.

Imp. lith. Th. Mainburger Strasbg.

Abraham, Baruch,

David, Eléazar. 1.

Génézareth, Horeb, Jéricho, Liban, Morée,

Ninive, Oreb, Pathmos, Rome, Sion,

Sodome, Tabor, Zorobabel, 23456789.

La Terre est au Seigneur et le contenu de celle-ci, la rondeur de la terre, & tous
ceux qui habitent en elle. — Car c'est lui qui l'a fondée sur la mer, et l'a
préparée sur les fleuves. — Qui sera celui qui montera en la montagne du
Seigneur ? ou qui se tiendra toujours en son Saint-Lieu ? Psaume de David. XXIII. 1 2 3.

a b bc d d e e ſ ſ ſ ſ ſ g g gb b h i j j k l l u u n o p p p p p q r r r s ſ ſ c a a t u o x y z & & w.

A A A A A A B B B C C C D D D E E E
F F F ſ ſ G G G H H H I I I J J J K K K
L L L L M M M M M N N N N N O O O
P P Q Q R R R S S S ſ T T T U U U
V V V W W X X X Y Y Y Y Y Z Z Z Z

Ronde grasse et large.

La Ronde serrée ou étroite. 1234.

La Ronde renversée. 5678.

La Ronde brisée, dérivée de la Gothique.